Superpower
SMOOTHIES

ÜBER 80 GRÜNE SMOOTHIES, IMMUNBOOSTER, BOWLS & MEHR

EMF

EIN BUCH DER
EDITION MICHAEL FISCHER

REZEPTE

DIE GRUNDLAGEN

SMOOTHIES – POWER FOR YOU!

Sie machen Spaß, geben Power und halten gesund. Smoothies sind aus der gesunden Küche nicht mehr wegzudenken! Per Knopfdruck entstehen aus frischem Obst und Gemüse ruck, zuck leckere und gesunde Getränke mit vielen wertvollen Inhaltsstoffen, die für den täglichen Frischekick sorgen.

WE ARE WHAT WE EAT

Durch den regelmäßigen Verzehr vor allem von grünen Smoothies geschieht oft eine Art „Aufwachen", man wird klarer und die Geschmacksnerven werden angeregt. Sie werden feststellen, dass Sie nicht mehr so viel Zucker oder Salz brauchen wie früher. Das ist der erste Schritt zu einer bewussten Ernährung!

GESUNDHEIT UND VITALPOWER PUR

Das Grün ist die Essenz! Chlorophyll ist das Farbpigment, das Pflanzen ihre grüne Farbe verleiht und sich äußerst positiv auf unsere Gesundheit auswirkt. Unerhitztes Gemüse liefert uns außerdem wichtige Enzyme, welche dem Zellaufbau und der Zellerneuerung dienlich sind. Je mehr Enzyme wir im Körper haben, desto widerstandsfähiger ist unser Immunsystem. Smoothies machen uns also fit und geben uns die nötige Energie und Lebensfreude!

IM HANDUMDREHEN FERTIG

Smoothies sind ideal für Menschen, die ihre Ernährung nicht gleich ganz umstellen möchten, um gesünder zu leben. Beim Smoothie gibt man in den Mixer, was einem schmeckt, und die Zubereitung dauert nicht länger als 10 Minuten. Besonders praktisch in der Früh, wenn eh schon immer wenig Zeit bleibt und es schnell gehen muss! Das Gerät ist in Sekunden ausgespült und das „Gesunde Gold" mit nur wenigen Handgriffen in ein Schraubglas gefüllt. Und schon hat man

ein perfektes Frühstück, einen tollen Snack fürs Büro oder einfach eine kühle Erfrischung an heißen Sommertagen.

DIE GRUNDREGELN

Saisonal und regional ist die Devise. Es müssen nicht immer exotische Super-foods sein. Deswegen beinhaltet das vor-liegende Buch viele Rezepte mit lokalen Produkten. Es gibt aber auch tropische Varianten und Rezepte, wenn es gerade mal nicht so viel regionales Obst und Ge-müse bei uns gibt. Die Superfoods kön-nen dann als leckeres Extra dazugege-ben werden! Die Rezepte sind zum Groß-teil vegan. Wer aber auf Kuhmilch oder Joghurt nicht verzichten mag, verwendet einfach diese anstelle von Mandel- oder Reismilch. Bei einigen besonders cremi-gen Smoothies werden Zutaten wie Quark oder Ei verwendet. Eine biologi-sche Herkunft ist natürlich wünschens-wert aber nicht immer möglich.

DIE REZEPTE

Die Mengenangaben der Rezepte sind auf 1–2 Portionen, ca. 300 ml, abgestimmt, kön-nen aber beliebig variiert werden. Manche mögen ihre Smoothies dicker, andere dünner. Zum Mitnehmen ist eine flüssigere Konsis-tenz von Vorteil, für eine Smoothie Bowl macht man die Masse einfach dickflüssiger.

DIE GERÄTE

Ein handelsüblicher Standmixer reicht für die meisten Rezepte vollkommen aus. Alter-nativ können Sie auch auf einen leistungs-starken Pürierstab zurückgreifen. Je besser Ihre Maschine ist, desto feiner und cremiger können die Zutaten für den Smoothie püriert werden. Zum optimalen Zerkleinern von Gra-natapfelkernen, Nüssen, Kürbis, frischen Kräutern oder Blättern ist allerdings ein Hochleistungsmixer nötig. Außerdem werden die Zutaten auf diese Weise gut aufgespalten und können so vom Körper später besser aufgenommen werden.

DIE GRUNDLAGEN

   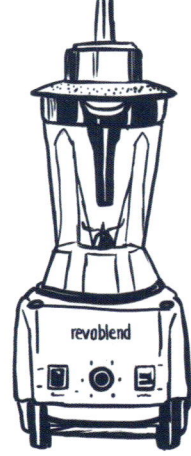

SIMPLY DETOX

Matt, schlapp, blass und ein paar Kilo zu viel auf den Rippen? Dann wird es höchste Zeit für eine Detox-Pause: am besten mit frischen Smoothies! Vor allem eine unausgewogene Ernährung hat nicht nur Auswirkungen auf Gewicht, Haut und Haare, sondern auch auf Fitness, Wachheit und gute Laune. Durch ein sanftes Entgiften des Körpers durch Fasten oder eine leichte, die Verdauungsorgane anregende und den Körper reinigende Kost kann hier Abhilfe geschaffen werden. Smoothies können dabei wahre Wunder wirken: Sie bestehen fast ausschließlich aus viel Gemüse und Obst, das kaum Säuren bildet, und stecken zudem voller Vitamine, Mineral- und sekundärer Pflanzenstoffe, die Magen, Darm und Leber stärken und mobilisieren. Vieles, was scharf, bitter oder sauer schmeckt, ist ideal zum Entgiften, da es Reize für den Stoffwechsel setzt und Hinweis auf anregende Pflanzenstoffe ist.

SMOOTHIES GO GREEN

Neben den herkömmlichen Obstsmoothies erhalten nun auch die grünen Smoothies einen immer steigenden Bekanntheitsgrad, und das aus gutem Grund: Das darin enthaltene Blattgrün liefert viele wichtige Vitamine, Mineralien und Spurenelemente, viel Eisen sowie Magnesium und sorgt dafür, dass sich die Konsumenten dieses neuen Powergetränks schnell wesentlich fitter, klarer und ausdauernder fühlen.

SUPERFOOD = SUPERGUT

Obstsmoothies, grüne Smoothies, geht es denn noch besser? Ja, wenn leckere Smoothies auf kraftvolle Superfoods treffen! Diese sogenannten Superzutaten sind gerade in aller Munde und sind wahre Alleskönner! Sie stecken oft voller Chlorophyll und liefern eine Reihe wichtiger Vitamine, Mineral- und Ballaststoffe voller Antioxidantien und wirken entgiftend, reinigend oder einfach nur aufmunternd. Antibakterielle Wirkstoffe in sauren Früchten, Bitterstoffe in Pflanzen oder scharfe Zutaten, die die

Verdauung anregen, entzündungshemmend und ein effektiver Bakterien- und Virenkiller sind, tragen zur Stärkung des Immunsystems bei.

MERRY SMOOTHIE

Wenn die Adventszeit naht und das Thermometer unter null sinkt, ist einem oft eher nach Glühwein mit Stollen und Zimtsternen als nach grünen Rohkostdrinks. Aber wie wär's dann mal mit echt heißen Alternativen? Um Punsch, Plätzchen und andere Leckereien später nicht mit langweiligen Diäten zu büßen, sollte man bei seinen Smoothies bleiben und sie etwas weihnachtlicher aufpeppen, mit weihnachtlichem Obst und Gemüse, Gewürzen sowie Nüssen aller Art.

EINFACH BESSER ESSEN

Smoothie Bowls sind eine fantastische Möglichkeit, den Tag mit einer frischen, ausgewogenen Mahlzeit zu starten. Sie sind im Handumdrehen im Mixer gemacht und halten richtig lange satt. Wie beim klassischen Smoothie bilden frisches Obst und Gemüse die Grundlage. Ergänzt durch Nüsse, Samen und Getreide, wird daraus aber ein Rundum-Power-Paket, das richtig fit macht. Hier darf genüsslich gelöffelt, geknuspert und geknabbert werden! Morgenmuffel können Smoothie und Topping übrigens getrennt einpacken und sich einen smoothen Snack im Büro gönnen.

RATZFATZ SMOOTHIE-SPASS

Die Kinder von heute haben sich weit von der Natur entfernt, kennen oft nicht einmal mehr den guten alten Löwenzahn. Mit Kräuterwanderungen, Blätteressen und Smoothies kann man das Immunsystem stärken und gleichzeitig Kinder wieder mehr Begeisterung für die Natur vermitteln. Auf dem Balkon einen Blumenkasten mit Löwenzahn und Giersch anzulegen und ein paar Blumentöpfe mit Brennnesseln zu bestücken, ist supereinfach! Man gibt dann in den Mixer, worauf man gerade Lust hat, und in wenigen Sekunden erlebt man wahre Geschmacksoffenbarungen!

Detox
SMOOTHIES

SAUER POWER

Sauer macht bekanntlich lustig, oder? Die orangen, säuerlich schmeckenden Sanddornbeeren sind auf jeden Fall wegen ihres sehr hohen Vitamin-C-Gehalts total gesund! Küstenbewohner können die Power-Beeren selbst pflücken, andernorts muss man sich mit dem Saft oder Mus aus dem Reformhaus begnügen.

~TIPP~

Wer mag, kann noch mit Ahornsirup nachsüßen.

100 ML
SANDDORNSAFT
(ODER 2 EL MUS)

1 Apfel

100 ml Wasser

etwa 40 g
Brokkoli

Saft einer
ZITRONE

1 TL GEMAHLENE
LEINSAMEN

(bei Verwendung
eines Hochleistungs-
mixers ungemahlen)

Orange Delight

Ein Schlankmacher-Drink, der ganz nebenbei Leber und Niere entgiftet: Hauptakteur ist dabei tropische Papaya. Wer die Wirkung verstärken will, mixt einen Tee-löffel Samen davon mit.

1 STÄNGEL ZITRONENGRAS

1 Möhre (80 g)

* 200 g Papaya

3 Eiswürfel

SAFT VON 2 ORANGEN

1

STÜCK INGWER (5 G)

KoKo

KO= Kohl, KO= Kokos. Ein be-
währter Gesundheits-Powerdrink,
denn so schmeckt Grünkohl am
allerbesten. Man glaubt es aber
wirklich erst, wenn man ihn
probiert hat! Na, dann mal los!

Tipp:

Natürlich kann man das
Kokoswasser auch durch normales
Wasser ersetzen.

2-3 Blätter Grünkohl
(oder Wirsing), ohne Stiel

eine Birne

250ml Kokos-wasser

eine Banane

5-6 Datteln

15

SUPER DANKE!

King Louie

Knusprig durch das Müsli, schokoladig, mit banane und einem leichten Kokosgeschmack ist dieser Smoothie ein perfekter Ersatz für das Frühstück. Er macht satt und liefert alles, was man für einen guten Start in den Tag braucht.

2 EL rohes Müsli (nicht geröstet)

1 reife Banane

70 ML MACADAMIA-MILCH

1 EL Chia-Samen

90 ML KOKOSWASSER

2 EL Kokos-Chips natur

Topping: 1 TL Kakao-Nibs

1 TL rohes und pures Kakaopulver

+ 4 Eiswürfel

White Chutney

Schon mal südindisches Chutney probiert? Kokosmild, kräutergrün und höllisch scharf in einem: Das regt Geschmacksnerven, Verdauung und Abwehrkräfte an – für alle, die es auch mal richtig pikant mögen.

120 ml Wasser

2 PRISEN SALZ

2 EL Kokosmus

1/4 TL gemahlener Kreuzkümmel

1 EI

100 ML KOKOSWASSER

2–3 EL Limettensaft

2 EL KOKOSRASPEL

CHILIFLOCKEN ZUM BESTREUEN

25 g Koriandergrün

3 Zweige Minze

19

Red Knight

Sauerampfer macht nicht unbedingt lustig, regt
dafür Blut- und Blasenreinigung an, und Rote Bete
hilft der Leber bei ihrer täglichen Entgiftungsarbeit:
Also ruhig öfter mal rot sehen oder trinken.

180 ml Wasser

1 Rote Bete

(100 g)

30 g rotstieliger Sauerampfer

1 EL weißes Mandelmus

1 kleine Birne (150 g)

21

WHITE CURRY

Echt scharf, anregend und zur Abwechslung mal aufregend würzig ist dieser Smoothie perfekt für alle, die nicht nur auf Süßes stehen. Genau das Richtige als Lunch-Drink.

22

2 EL KOKOSMUS

2 Prisen Salz

¼ TL CURRYPULVER

100 ml Kokosmilch

1 EL GEHACKTES KORIANDERGRÜN ZUM BESTREUEN

100 G gefrorene ANANAS IN Stücken

10 g frischer Ingwer

1 Möhre

(80 g)

100 ml Wasser

1 Ei

A Radi-Maß

Statt Radlermaß im Biergarten gibts den Radi mal im Glas: Die für seine Schärfe verantwortlichen Senföle töten schädliche Bakterien und Pilze in Magen und Darm ab und regen die Verdauung an.

½ grüner Apfel

3

EISWÜRFEL

Saft von
½ Limette

200g
Ananas

1–2 Messerspitzen
Zimtpulver zum Bestreuen

White Salad

Salad goes Smoothie –
so wird aus einem Winter-
klassiker fix ein cremiger
Drink. Die anregenden
Bitterstoffe im Chicorée
bringen Magen und Darm
auf Trab, werden aber
durch Apfel und Dattel
sanft gemildert.

2 DATTELN

Saft von 2 MANDARINEN

1 Chicorée (100 g)

1 kleiner Apfel

2 EL WAL-NUSS-KERNE

80 g Sahne

25 g Rohmilchbutter
ODER 1 EL Öl

27

My Darling Clementine

Einfach nur blass und bitter? Von wegen – mit Kaki und saftigen Clementinen kann auch Chicorée plötzlich richtig attraktiv sein. Seine anregenden Bitterstoffe sind nämlich perfekt für den 1-a-Detox-Drink.

4 EISWÜRFEL

1 reife Kaki

getrocknete

③

Aprikosen

1 Möhre

①

②

③

1

CHICORÉE (90 G)

CLEMENTINEN

29

GELBER WICHTEL

Gelb, aber oho: Ein kleines bisschen Wintergemüse im Glas kann Großes für die Abwehrkräfte leisten – nicht zuletzt in Kombi mit Mango. Die Tropenfrucht stärkt mit Vitamin C und Provitamin A das Immunsystem.

Mark von ½ Vanilleschote

1 kleine gelbe Bete (50 g)

1 kleine STAUDE Chicorée (60 g)

eine halbe Mango

2 EL AHORNSIRUP

250 ML KOKOS-DRINK

(100 g)

3

Wonder of Shiraz

In der persischen Küche sind getrocknete Berberitzen gern gesehene Gäste
im Topf. Aber auch im Glas sind sie
willkommen–als Detox-Mittel, das
Leber und Galle befreit und fein-
säuerlich schmeckt.

Wer will:

2–3 getrocknete DATTELN

1 Rote BETE (100 g)

1 EL getrocknete Berberitzen (in 150 ml Wasser einweichen)

100 g Brombeeren

40 g Endiviensalat

Saft von 1 Orange

Grüne
SMOOTHIES

SPRINGTIME

Frische grüne Kräuter vertreiben Frühjahrsmüdigkeit und machen schlank. Damit man satt ist und die Pfunde purzeln können, gibt's noch eine Extraportion Spinat – die beugt Heißhungerattacken vor.

1 Kästchen Kresse

100 ml Wasser

1 Handvoll
Spinat, {60 g}

1 STÜCK
Ananas
(150 g)

1 Handvoll
Kerbel

12 g

2–3 EL
Zitronensaft

Minnie Minz

Der schmeckt richtig fein nach zarten Schoko-Minz-Blättchen.
Da würde sicher keiner vermuten, dass frischer Spinat und
Erbsen drinstecken – wer will, gibt noch Schokosoße darauf.

2 TL Kakao-Nibs

2–3 Zweige Pfefferminze

120 g TK-Erbsen

❶ HANDVOLL BABY-SPINAT (50 G)

❶ kleine Banane

100 ML WASSER

39

Grüner Engel

Mit diesem Drink im Glas braucht es keinen zusätzlichen Schutzengel – zumindest nicht gegen Schnupfenviren. Und die gute Kombi mit jeder Menge Vitamin C hilft, das im Spinat enthaltene Eisen optimal aufzuschließen.

40 g Grünkohl

EINE HALBE BANANE

1 ½ EL

ERDNUSSMUS

SAFT VON ½ GELBEN GRAPEFRUIT

1

150 ml Wasser

30 g Wurzelspinat

2

MEDJOL-DATTELN

41

Pe-Pa-Po

Postelein oder Portulak – noch nie gehört? Sollte man aber.
Denn obwohl das Kraut ganz zart wirkt, hat es bei frostigen
Temperaturen Hauptsaison, liefert viel Vitamin C und
hilft bei jeder Detox-Kur.

150 ml
Mandelmilch

½ Bund
Petersilie

1 kleine
AVOCADO

80 g
Pastinake

80 g Postelein

ein halber Apfel (ETWA 100 G)

43

Eisenkönig

Petersilie in einem Smoothie? Ja, denn dieses Kraut
ist viel mehr als Deko und steckt voller wichtigem
Eisen! Zusammen mit Fenchel und Orange ergibt sich
ein leckerer Gesundheits-Cocktail vom feinsten.

½ HANDVOLL PETERSILIE

150 ML WASSER

2 UNBEHANDELTE ORANGEN
(mit etwas Schale)

80 g Fenchel

MAGIC MANNI

Mangold ist ein super Chlorophyll- und Eisenlieferant! Weintrauben liefern schnelle Energie, sollten aber unbedingt ungespritzt sein. Zusammen mit den Chia-Samen bläst dieser Drink jede Müdigkeit ganz schnell weg!

150 ML WASSER

1 Handvoll Mangold
(ohne Stiel), 80 g

etwa 20 g grüne
Weintrauben

1 Banane

2 EL CHIA-SAMEN

47

Jadedrache

früher fand man ihn nur in Chinas Garküchen: Heute wird der chinesische Senfkohl auch hierzulande angebaut. Seine Senföle sind anregend und wirken antibakteriell.

Saft von ½ Bio-Limette

+ 3 cm Schale

100 ml Wasser

100 g Pak Choi

¹/₃ grüner Apfel

1 Orange, geschält

49

Green Sour

Ein Glas Wasser mit Zitrone ist das einfachste Detox-Mittel. In Verbindung mit Ingwer und Gurke wird daraus ein richtiger Detox-Booster, der prickelt, zischt und unglaublich erfrischt.

70 G GURKE

70 g grüne Trauben

1 GRÜNER APFEL (GRANNY SMITH)

1 STÜCK Ingwer (10 g)

4 EISWÜRFEL

1 Bio-Zitrone: 1 Scheibe (1CM MIT SCHALE) + den Rest als Saft

Green
Lemonade

Limo ja, aber wenn, dann gesund! Diese schmeckt prickelnd wie der Sommer, frisch und grün wie die Wiese und lecker obendrein. Die Minze mit ihrer Wirkung als Heilpflanze verleiht dem Getränk noch den nötigen Kick.

MIT
REINEM ZUCKER
ZUBEREITET

Limonade

MIT
FRUCHTGESCHMACK
-GEFÄRBT-

100 ML WASSER

optional:
100 ml Mineralwasser

5 g Minzblätter

Saft einer unbehandelten
LIMETTE oder ZITRONE

(MIT ETWAS SCHALE)

2 TL KOKOSBLÜTENZUCKER
ODER BIRKENZUCKER
(XYLIT)

halbe Gurke
(ETWA 300 G)

SEA BREEZER

Der kühlt nicht nur wie eine frische Seebrise an heißen Tagen: In Asien schätzt man schon lange die entgiftende Wirkung von Zitronengras und Ingwer für Leber, Niere und Blase.

Saft von ½ Limette

1 Stück Ingwer (15 g)

1 Stängel Minze

180 g Gurke

1 STÄNGEL ZITRONEN-GRAS

300 g Netz- oder Galia-Melone

Superfood & IMMUNBOOSTER SMOOTHIES

BLOODY & BERRY

Erdbeeren und Basilikum – die Sommermischung für feinschmecker! Die Erdbeeren sind wahre Vitamin-C-Bomben, haben wenig Kalorien und schmecken einfach lecker. Das Basilikum, auch Königskraut genannt, liefert wertvolle Inhaltsstoffe, mit denen man sich durchaus etwas königlicher fühlt!

250 g Erdbeeren

100 ML WASSER

½ Banane

etwa 8-10 g Basilikumblätter

OPTIONAL:
2-3 KARDAMOMKAPSELN

Lila Laune- macher

Rotkohl und Preiselbeeren nur als Beilage zu Gans und Klößen? Viel zu schade, gemixt mit einer weiteren Superbeere, hält dieser Smoothie gesund und schlank – da darf's dann auch mal ein Knödel mehr sein.

2 EL getrocknete Cranberrys

200 ml Wasser

100 g Rotkohl

150 g Ananas

2 EL
GETROCKNETE ARONIABEEREN
(IN 50 ML WASSER
EINGEWEICHT)

3 MSP.
GEMAHLENE
NELKEN

1-2 TL ZIMTPULVER

After Nine

frische Minze und Kakao-Nibs – es gibt wohl kaum eine
bessere Kombination! Zusammen mit dem Superfood Spinat
ist dieser Smoothie nicht nur richtig köstlich, sondern auch
sehr gesund, dem guten Chlorophyll sei Dank!

1 TL Kakao-Nibs

eine BANANE

10 G MINZE

200 ml MANDELMILCH

etwa 20 g SPINAT

Gazpacho Local

Dieser herzhafte „Suppensmoothie" ist eine gute Alternative zu fruchtig-süßen Mixgetränken. Die Zutat Giersch findet man übrigens oft im eigenen Garten. Auch wenn er bei vielen als Unkraut gilt, ist es doch ein wahres Superfood, das sich auch sehr gut als Spinatersatz verwenden lässt.

~ TIPP ~
Dazu passt auch gut Bärlauch (wenn er Saison hat).

¼ rote
Paprika (30 g)

2 EL
HANF- ODER
LEINÖL

100 ml Wasser

ETWAS
SALZ
UND
PFEFFER

¼ Gurke
(130 g)

2 ZWEIGE
Basilikum

¼ TL
Pimenton

eine mittelgroße Tomate
(100 g)

ein paar
Blätter
Giersch

1
EL
Pinienkerne

WINTERBOMBE

Grünkohl ist das neue Superfood schlechthin!
Der Vitaminlieferant steckt voller Chlorophyll
und ist auch noch richtig lecker. Wer ihn
einmal im Smoothie für sich entdeckt hat,
kann gar nicht genug davon bekommen!

TIPP
Zum Nachsüßen
eignet sich Ahorn-
sirup!

EINE STANGE SELLERIE

250–300 ml Wasser

2 Blätter Grünkohl, ohne Stiel
(etwa 50 g)
alternativ Wirsing

GESCHÄLTE HANFSAMEN

1 EL

Birnen

67

Blush

Die rote Aroniabeere ist der Knaller! Nicht umsonst ist sie auch unter dem Beinamen „Gesundheitsbeere" bekannt. Sie steckt voller Vitamine und Mineralstoffe und soll die Selbstheilungskräfte des Körpers unterstützen. Trotz ihrer leichten Bitterkeit schmeckt sie in dieser erfrischenden Kombination besonders lecker!

Apfel

100 ml Wasser

2 EL Aroniabeeren

30 g

ROTE
BETE

2 EL GESCHÄLTE
Hanfsamen

2 ORANGEN

69

WHITE LIKÖRCHEN

Seine Entstehung verdankt Eierlikör laut einiger Hersteller wohl dem Mangel an Avocados, die es zu ersetzen galt. Alkoholfrei, dafür gleich mit Avocado und Ei, wird aus Omas Liebling dieser Lieblingssmoothie.

2 Prisen frisch geriebene Muskatnuss

1 reife
AVOCADO

1 SPRITZER
ZITRONENSAFT

1 EL HONIG

2 EL Cashewkern-Mus

250 ml Wasser

Mark von 1/3 Vanilleschote

1 EI

71

BLAUMANN

Blaubeeren sind das Superfood des Sommers schlechthin! Die kleine Beere steckt voller Antioxidantien, Vitamine und ist gleichzeitig sooo lecker! Wer die Beeren selbst sammelt, kann die gehaltvollen Blätter übrigens gleich mitverwenden.

200 g Blaubeeren
(im Winter tiefgefroren)

100–200 ml
Wasser

2 EL
HANFSAMEN

2 BLÄTTER
Mangold
ohne Stiel

20 G

1 TL XYLIT

ROTE
BETE

73

FRAU KNOLLE

Dieser Smoothie steckt voller Power! Verantwortlich dafür ist unter anderem die heimische Wunderknolle Topinambur. Das Gemüse – auch „Sonnenwurzel" genannt – steckt voller Mineralien und Spurenelementen und ist obendrein noch sehr kalorienarm.

TIPP
Wer mag, kann Feldsalat auch durch Giersch ersetzen (wenn dieser Saison hat).

TOPPING: GESCHÄLTE HANFSAMEN

1 kleines Stück
INGWER
(nach Geschmack)

1 unbehandelte

ORANGE MIT ETWAS SCHALE

1 APFEL

1 MITTELDICKE
KNOLLE TOPINAMBUR

200 ml Wasser

ein paar Blätter
Giersch

½ Handvoll
Feldsalat
(etwa 15 g)

Summer-Feeling SMOOTHIES

Tropical Fresh

Kennen Sie noch dieses herrlich zitronig-säuerliche Buttermilch-Eis? Hier kommt noch eine fruchtsatte, süße Komponente mit ins Spiel – schmeckt nach Sonne, Palmen und m(e)ehr ...

GERIEBENE LIMETTENSCHALE UND 2 EL KOKOSRASPEL ZUM BESTREUEN

Schale von ½ Limette

120 ML BUTTERMILCH

½ GEFRORENE BANANE IN SCHEIBEN

60 G GEFRORENE ANANAS IN STÜCKEN

2 EL LIMETTEN-SAFT

2 EL LIMETTEN-SAFT

½ MANGO

½ GEFRORENE BANANE IN SCHEIBEN

1 EL KOKOSMUS

79

Goa Beach

Noch ein Beach-Cocktail – exotisch, tropisch, sinnlich!
Die Papaya wurde schon von Christoph Kolumbus „frucht
der Engel" genannt und ist supergesund! Chili regt den
Stoffwechsel an und wärmt schön von innen …

Topping:
ein paar Kokos-
flocken oder eine
Handvoll
Papaya-Kerne

80

100 ML WASSER

alternativ:
Kokos-
wasser

Saft einer unbehandelten Limette

mit etwas SCHALE

EINIGE MINZBLÄTTER
nach Geschmack

1 kleines Stück
Chilischote (rot)

1/2 Papaya mit Kernen

500–600 g

2 EL Kokosflocken

SUMMER DREAM

Ein herrlich erfrischendes Sommergetränk für heiße Tage!
Es ist auch als Partygetränk sehr gut geeignet – geben Sie
dafür einfach einen Schuss weißen Rum hinzu. Fertig!

10 FRISCHE
MINZEBLÄTTER
ODER MEHR

Saft einer Limette

EISWÜRFEL
NACH
BELIEBEN

etwa 800 g
Wassermelone

HONEY & TINI ♡

Mmh ... das schmeckt nach Sommer! Die Honigmelone ist voller Vitamine, zuckersüß und verleiht dem Smoothie eine schöne Farbe. An heißen Tagen einfach noch Eiswürfel dazugeben und fertig ist der gesunde Sommerdrink.

Topping:

etwas abgeriebene Zitronenschale

350 G HONIGMELONE

Minzblätter nach Geschmack

SAFT EINER unbehandelten ZITRONE

3-4 EISWÜRFEL

Sex on the Peach

Kokosnuss: Superfood und Supergeschmack in einem! Kokoswasser ist ein gesunder Durstlöscher, der reich an Elektrolyten und deshalb gerade bei Sportlern sehr beliebt ist. Auch Kokosflocken und Raspeln machen sich wunderbar im Smoothie und stecken voller Antioxidantien und Nährstoffe. Ein wahrer Powerdrink: tropisch, lecker und sehr gesund!

330 ml
Kokoswasser
(1 kleine Packung)

Saft einer halben Limette

ZWEI

1/2
Banane

Pfirsiche

2 EL
Kokosflocken

¼ TL
Kardamom

Virgin White Piña Colada

Karibik, Sonne, Palmen – um davon zu träumen, braucht es nicht unbedingt literweise Rum. Es geht viel einfacher und dazu noch gesünder: Alle Zutaten in den Mixer, anschalten, ins Glas gießen und genießen.

120 g *(tiefgefrorene)* Ananas in Stücken

1 kleine BANANE

1 EL KOKOS-MUS

1 EL LIMETTENSAFT

1 Ei

150 ML KOKOSMILCH

Hibis Kuss

~ TIPP ~

Statt Hibiskuspulver lassen sich auch die einheimischen Malven- blüten verwenden.

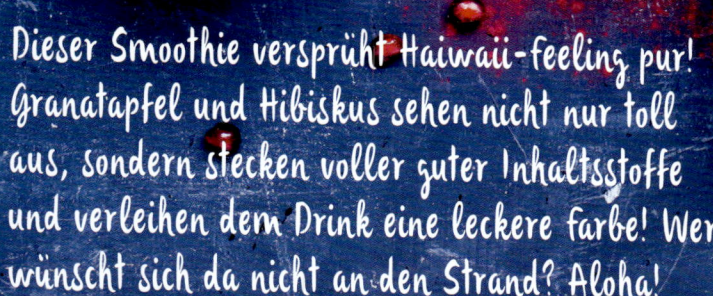

Dieser Smoothie versprüht Haiwaii-feeling pur! Granatapfel und Hibiskus sehen nicht nur toll aus, sondern stecken voller guter Inhaltsstoffe und verleihen dem Drink eine leckere farbe! Wer wünscht sich da nicht an den Strand? Aloha!

rote **Trauben**

40 G

330 ML
KOKOSWASSER
(1 KLEINE PACKUNG)

1 EL
Hibiskuspulver

30 g Rotkohl

1 TL
KOKOSBLÜTEN-
ZUCKER

Granatapfelkerne

von einer Frucht

91

END OF SUMMER

Die letzten Sonnenstrahlen stecken noch in der Süße der Melone, die Brombeeren künden schon vom nahen Herbst – trotzdem, dieser Smoothie lässt garantiert keine Wehmut, sondern gute Laune aufkommen.

SAFT VON

1 ORANGE

Charentais-Melone

1/2

60g TK-Brombeeren

MARK VON 1/3 VANILLESCHOTE

1 EL HONIG

3 EL JOGHURT

WHITE *Lassi*

In Indien ist Mango-Lassi das Getränk gegen die drückende Monsunhitze. Genau wie sein weißer Freund: Der kühlt nicht nur ideal bei sommerlichen Temperaturen, sondern macht auf leichte Weise satt.

1 EL
Kokos-
mus

1 EL
Süßlupinen-
proteinpulver

5 g frischer Ingwer

125 ml
Wasser
oder
Mandelmilch

150 G
MANGO

½
GROSSE
BANANE

1 EL

WEISSES MANDELMUS

2-3 Messerspitzen gemahlener Kardamom

Pink Frog

Wer möchte schon froschprinzen küssen –
es sei denn sie hinterlassen einen
derartig leckeren Geschmack
auf den Lippen. Sei also kein
frosch und mix einfach in
pink und froschgrün.

1/2 gefrorene Banane in Scheiben

60 G GEFRORENE SAUERKIRSCHEN

50 ML MANDEL-MILCH

6 BLÄTTER BASILIKUM

1 EL AGAVEN-DICKSAFT

50 ml Mandelmilch

120 G GEFRORENE ANANAS IN STÜCKEN

1 STANGE STAUDENSELLERIE

LILA SAUSE

Gönn dir öfter mal eine Pause mit der lila Sause. Oder genieße diese Sojaeiweiß-Bombe schon zum Frühstück: Sie ist leicht verdaulich, macht aber garantiert richtig lange schön satt.

20 g TK-Heidelbeeren

2 EL AGAVENDICKSAFT

50 G ERDBEEREN

125 ml Sojamilch

1 halbe Banane

180 G SEIDENTOFU

20 g TK-Heidelbeeren

1 TL gemahlener Zimt

Mark von $\frac{1}{3}$ Vanilleschote

99

Bounty-Lubri

Gehaltvoll wie ein Schokoriegel, aber garantiert gesünder. Ohne Zucker, dafür mit allem Guten, was in Schokolade steckt: Reine Kakaobutter mit dem Gesund-Plus sorgt für cremigen Schmelz.

1 EL KOKOSMUS

15 G KAKAO-BUTTER

in Stücke gehackt

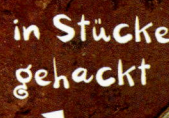

1 EI

1 EL Kakao-Nibs zum Bestreuen

1 Spritzer

Limettensaft

1 KLEINE BANANE

80 ml Wasser

100 ML KOKOS-MILCH

Wachmacher
SMOOTHIES

Maca Latte

Maca ist einfach wunderbar! Diese Superknolle stammt ursprünglich aus den Anden und steckt voller Power! In Pulverform in den Smoothie gemischt, schenkt dieser Drink viel Durchhaltevermögen an stressigen Arbeitstagen und hält geistig fit. Zusammen mit den süßen Datteln eine leckere Erfrischung für turbulente Zeiten!

∽ TIPP ∽
Wer mag, kann noch mit etwas Kardamom nachwürzen.

MILK

JUICE

Deko-Tipp:
Kakao-Nibs

1TL
Macapulver

1
Prise Zimt

1EL CHIA-SAMEN

200ml
**MANDEL-
MILCH**

2-5 Datteln

1 2 3 4 5

1
Orange

Café Verde

Grüner Kaffee? Na klar! So gehts: Die Kaffeebohnen werden nicht geröstet, sondern nach dem Trocknen direkt weiterverarbeitet. Das Tolle: Grüner Kaffee senkt den Blutdruck, regt den Stoffwechsel an und gilt als Schlankmacher. So oder so: Dieser Kaffee-Smoothie macht wach und schmeckt richtig gut.

TIPP
Für eine grünere Farbe noch 1-2 Spinatblätter dazugeben.

1 PRISE KARDAMOM

1 EL *Kokosblütenzucker* ODER Ahornsirup

1 TL *Kakao-Nibs*

1 EL Grüner Kaffee (fein gemahlen)

2 EL KOKOSMUS

250 ml Mandelmilch

¼ TL Zimt

1 TL LUCUMA-PULVER

Ewige Jugend

Hagebutten sind das perfekte Powerfood für den Herbst. Im
Sommer kann man den Anblick der herrlichen Rosen genießen
und später deren Superfood-Qualität als Frucht verwenden.
Die kleinen leuchtenden Kraftpakete haben einen sehr hohen
Vitamin-C-Anteil und stärken das Immunsystem.

~ TIPP ~
Wer mag, kann
noch eine Orange
dazugeben.

1 EL geschälte Hanfsamen

1

250–300 ml Wasser

1 EL Hagebutten-pulver

4-5

Apfel

30–40 g Fenchel

WALNÜSSE

8-10 Hagebutten oder 1 EL Hagebuttenpulver

Super Bulletproof White Smoothie

Auf den megatrendigen Kaffee mit reichlich Butter und Kokosöl schwören nicht nur Hollywood-Stars: Er soll sechs Stunden wach & einen voll satter Energie halten – hier die cremige weiße Alternative.

150 ml *frisch gebrühter Kaffee*

warm oder abgekühlt

1 EL HANFPULVER

125 ml Haselnuss- ODER Sojamilch

1 TL *Agavendicksaft*

2 EL CASHEWKERN-MUS

1 EL Kokosmus

⅓ TL KAFFEE- ODER LEBKUCHENGEWÜRZ

1 EL (Rohmilch-)Butter

PISTACCHINO

Wie wäre es mit einem gesunden Cappuccino-Smoothie? Das wertvolle Moringapulver statt Kaffee, Hafer- oder Reismilch statt Kuhmilch und Kokosblütenzucker statt weißem Zucker! Die extravagante Geschmacksnote: Pistazien!

1 Banane

1 TL
Moringa-
pulver

1 TL
Kokosblütenzucker

2 EL *rohe*
PISTAZIEN
(etwa 25 g)

½ *Handvoll*
Pak Choi
{OHNE STIEL}
alternativ: Feldsalat

200 ml
Hafer- oder
Reismilch

Wohlfühl SMOOTHIES

BLACKFOREST-CHERRY-SHAKE

Schichtarbeit, wie beim Tortenvorbild. Allerdings ist
der Shake wesentlich leichter und schön erfrischend –
perfekt bei Sommerhitze unterm Kirschbaum.

DEKO:
2 EL SCHOKOSOßE

1 TL ZITRONEN-SAFT

125 g Quark (20 oder 40 % Fett)

1 gefrorene

Banane in Scheiben

4–5 EL MILCH

GEFRORENE SAUER KIRSCHEN

2–4 EL WASSER

WER WILL, ERSETZT DAVON 1–2 EL DURCH KIRSCHWASSER

80 g

1 EL KOKOSBLÜTENSIRUP

Strawberry Cheesecake

So wertvoll wie ein kleines Steak und so superlecker wie Käsekuchen made in USA: Ei, Quark und Mandelmus sind prima Proteinlieferanten. Erdbeeren, Vanille und die Banane streicheln die süßen Seiten der Seele.

50 g tiefgefrorene **Erdbeeren**

80 g QUARK

1 kleine Banane

1 Ei

2–3 EL AGAVENDICKSAFT

(nach Wunsch)

Mark von ⅓ **Vanilleschote**

100 ml Mandelmilch

1 EL weißes MANDELMUS

ERDNUSS-COOKIE-SHAKE

Deko:
Schokosoße

Kekse knabbern kann jeder.
Aber den USA-Gebäckklassiker
in einen Drink verwandeln ist
wirklich clever: süß durch Dattel
und Banane und dank Erdnussmus
richtig schön „sticky".

Zimtsternchen

Der verdient glatt drei Sterne und
volle Punktezahl: ein Smoothie,
der nicht nur wie flüssiger Rübli-
kuchen schmeckt. Dank gesunder
Gemüse-Nuss-Kombi macht er
lange satt und richtig happy.

2 EL (20 g)

Haselnüsse

60 g

1 STÜCK
INGWER (5 G)

1 Möhre

70 g
Pastinake

¾ TL
Zimtpulver

200 ML
(HASEL-)NUSSMILCH
(KALT ODER AUCH
MAL WARM)

NACH WUNSCH: 1 TL HONIG

1/2

Banane

Schneeflöckchen

Einfach zum Dahinschmelzen: Die Kombi aus exotischen Früchten und Kokos beamt dich auch im tiefsten Winter auf die Insel. Echt cool, der Smoothie lässt sich wie Eis löffeln!

KOKOSFLOCKEN UND ZIMT-PULVER ZUM BESTREUEN

150 ml Kokosmilch (im Eiswürfelbehälter tiefgefroren)

100 g tiefgefrorene Ananas

1 große tiefgefrorene Banane

1 Stück Ingwer (5 g)

2 Msp. Zimtpulver

3 EL KOKOSFLOCKEN

1 EL Limettensaft

Pumpkin Pie

Happy Halloween – aber bitte mit dem richtigen Drink: Mit kalorienarmem Kürbis und vielen Gewürzen schmeckt dieser Smoothie garantiert nicht gruselig, sondern nach leckerem amerikanischem Kuchen.

Zimtpulver zum Bestreuen

5 G

Ingwer

2 EL Honig oder Agaven-dicksaft

Saft von 1 Orange

1 Prise geriebene MUSKATNUSS

1-2 TL Zimtpulver

3 MESSERSPITZEN gemahlene NELKEN

1 KLEINER APFEL (70G)

150 g Hokkaidokürbis × ohne Kerne, aber bitte mit Schale

Heißer Apfelstrudel

Da vermisst garantiert niemand die Vanillesoße.
Wer will, verfeinert den herzerwärmenden
Wintersmoothie mit ein bisschen Rum und/oder
setzt ihm dann noch eine weiße Sahnehaube auf.

Zimtpulver
(zum Bestreuen)

100 g geschlagene Sahne
oder Kokossahne
(als Haube)

Rosinen

2 EL

220 ml Wasser

2 Äpfel (À CA. 150 G)

IN STÜCKE GESCHNITTEN

1-2 EL HONIG

6 HASELNÜSSE

1-2 EL RUM (NACH WUNSCH)

1 EL ZITRONENSAFT

½ TL ZIMT-PULVER

DAS ALLES ZUSAM-MEN IN 20-25 MIN. WEICH KOCHEN

Creamy Praliné

Nichts wärmt klamme Hände besser als eine Tüte heiße Maroni. Wer die leckeren Nussfrüchte nicht nur auf dem Weihnachtsmarkt genießen will, sollte sie einmal so probieren – fast so gut wie heiße Schokolade ...

250 ml
Nussmilch
heiß oder kalt

Mark einer halben Vanilleschote

Für obendrauf:
100 ml Kokossahne
zum Aufschlagen
(z. B. Cocos Whip)

SCHALE
einer halben
BIO-ORANGE

½ reife
BIRNE
(ca. 90g)

1 TL
Kakaopulver
(raw)

½ TL
Zimtpulver

1 EL
Honig

100 g gegarte Maronen (vakuumverpackt)

131

GINGERBREADMAN

Kann denn Lebkuchen Sünde sein? Nicht, wenn er so anregend wärmend gewürzt und mit Melasse gesüßt ist. In Melasse stecken viel Eiweiß, Magnesium, Eisen und deutlich weniger Zucker als in anderen Sirups.

1 EL Chia-Samen
zum Bestreuen

1 Messerspitze
gemahlene
Muskatnuss

1 BANANE

1 TL GEMAHLENER
INGWER

3 MESSERSPITZEN
NELKEN

1 EL
MELASSE

½ TL
Zimtpulver

1 kleiner
APFEL

200 ml Mandelmilch
(kalt oder heiß)

CHAI SMOOTHIE

Genießen Sie ihn an heißen Tagen herrlich kalt mit
Eiswürfeln, an kalten schmeckt er am besten warm.
Wie das Original aus Indien
überzeugt er mit seinem
süßen, würzigen, leicht
scharfen und zimtigen
Geschmack!

3 EL AHORNSIRUP
ODER HONIG

¼ TL Muskat
(am besten frisch gerieben)

¼ Tl Kardamompulver

½–1 TL ZIMT

1 Stück frischer Ingwer

300 ml
Mandelmilch

ETWAS VANILLE ALS
PULVER ODER EXTRAKT

135

Willkommen im Land des Lächelns: Chinesische Arzneischränke haben einiges zu bieten, vor allem jede Menge leckere Zutaten, die nicht nur gesund machen, sondern auch noch wunderbar schmecken.

White Mandarin

getrocknete Datteln
ohne Stein

1   **2**

getrocknete
Aprikosen

1   **2**

1 STERNANIS

1 KLEINE KAKI, 180 G

2 EL Cashewkern-Mus

250 ML
REISMILCH
oder Wasser

2 EL ERBSEN-
PROTEIN-
PULVER

2 EL Goji-
Beeren

Apple Shake

Genau das Richtige in der kalten Jahreszeit:
Apfel, Nuss und Mandelkern,
herzerwärmender Zimt und
dazu noch Preiselbeeren,
die mit viel Vitamin C
vor Grippe schützen.

50 G TK-PREISELBEEREN ODER CRANBERRYS

60 ml
Mandelmilch

50 G GETROCKNETE
MEDJOL-DATTELN

BEIDE SCHICHTEN VERZWIRBELN

½ TL ZIMTPULVER

1 großer Apfel

150 ml
Mandelmilch

139

Frozen Egg-Nog

Grün war gestern – im Winter ist Weiß der letzte Smoothie-Schrei: White Smoothies sind kleine Eiweiß-Energie-Bomben, die ihre grünen Brüder ideal ergänzen – und hier dank feiner Gewürze prima schmecken.

geriebene Muskatnuss zum Darüberstreuen

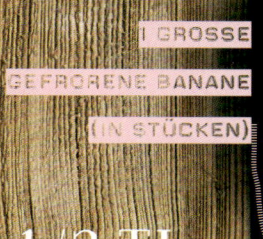

1 GROSSE GEFRORENE BANANE (IN STÜCKEN)

150 ml Macadamianuss-Milch (warm oder kalt)

1/2 TL Lebkuchengewürz

Mark von 1/2 Vanilleschote

1 ganz frisches Ei (Größe L)

1 EL KOKOSNUSSMUS

2 MESSERSPITZEN GEMAHLENE MUSKATNUSS

Medjol-Datteln

White Christmas Dream

Ganz in Weiß zur Traum-
figur: Topinambur und
Petersilienwurzel sind
kalorienarm und machen
lange satt. Damit das
Ganze nicht nach Salat
schmeckt, versüßen
Banane und Anis diesen
Schlankdrink.

2 EL
Agavendicksaft
oder Reissirup

⅓ **TL**
gemahlener Anis

EINE HALBE GEFRORENE BANANE

EINE
Mandarine

80 G WURZELPETERSILIE

1

geschält

2

200 ml
Mandelmilch
(heiß oder kalt)

TOPINAMBUR-
KNOLLEN (90G)

Wer will:
abgeriebene Mandarinen-
schale zum Bestreuen

Smoothie
BOWLS

Blue Velvet

Eine Schönheitscreme, die mal von innen wirkt:
Nicht nur die tropische Acai-Beere hat es in sich;
alle hier versammelten Superbeeren sind prallvoll
mit Antioxidantien und sorgen für samtige Haut.

Topping

2 EL Heidelbeeren

2 EL Granatapfelkerne

2 EL getrocknete
Maulbeeren

50 g tiefgefrorenes
ACAI-PÜREE

½ zerriebene Tonkabohne oder Mark einer ½ Vanilleschote

SAFT EINER HALBEN ORANGE

40 G TK-SAUERKIRSCHEN,
entsteint

nach Belieben:

1 EL Agavendicksaft

1 kleine
BANANE

JE 40 G

Himbeeren,

HEIDELBEEREN,

Brombeeren

Mellow Yellow

Ein Stückchen gesundes grünes Gemüse im gelben Obstbeet, dazu etwas Crisp, Crunch und eine Prise Salziges on top: So wird aus dem biederen Obstsalat ein relaxt-cooles Frühstück.

Topping

2 EL Bananenchips, zerbröselt

1 EL getrocknete Cranberrys

2 EL geröstete gesalzene Erdnüsse

1 Stange
Staudensellerie

1/2 BANANE

eine halbe Mango

1 gelbe KIWI

Saft einer
½ Orange

100g Ananas

149

Pink Salad

Salat zum Löffeln und noch dazu in Quietschrosa?
Prima, und besser als Himbeereis zum Frühstück.
Leckere Superbeeren und Superfoods sorgen noch zu-
sätzlich für Rock 'n' Roll. Wer kann da widerstehen?

Topping

3–4 Erdbeeren

2 EL Chia-Samen

2 EL Sonnenblumenkerne

2 EL Heidelbeeren

1 EL LIMETTENSAFT

1

AVOCADO

100 g tiefgefrorene
Himbeeren

6 grüne
Trauben

5

4

3

2

1

3 Blätter Römersalat

Green Princess

Gestatten, Ihre Vitamin-C-reiche Grünheit zum Löffeln und Sattwerden. Kräuterfrisch, zitronig spritzig und trotzdem fruchtig adelt sie jeden Frühstückstisch.

Topping

1 EL Chia-Samen

1 EL Sesamsamen

1 EL Goji-Beeren

1 Apfel

2 Handvoll Spinat

1 EL ZITRONENSAFT

1 Banane

1 KIWI

6 Stängel Basilikum

153

Peppy Paprika

Paprika und Chili geben hier den besonderen Kick, der schon in der früh voller Power durchstarten lässt. Richtig dosiert und in Kombi mit Frucht und Kokos – das ist peppig, aber nicht zu hot.

Topping

1 Banane in Scheiben

Über die Banane gestreut:

1 EL Chia-Samen

1 TL Kokosblütenzucker

1 EL Kokosflocken

1–2 Msp. Paprika- oder Chiliflocken

1 KAKI

½ **ORANGE**
PAPRIKA

1/2 KLEINE MANGO

2-3 SPRITZER
ZITRONENSAFT

nach Belieben:
1 EL AGAVENDICKSAFT

10 Physalis

PEA FOR TEA

Lieben Sie auch diese hauchdünnen Schoko-Minz-Blättchen? Dann löffeln Sie mal aus dieser Power-Schüssel: proteinreiche Erbsen, erfrischende Minze und Knisper-Knusper-Schoko-Nibs obendrauf!

Topping

½ grüner Apfel, in einen Fächer geschnitten

1 EL Kakao-Nibs

1 EL gepoppter Amaranth

1 GELBE *oder* GRÜNE KIWI

8 BLÄTTER MINZE

70G TIEFGEFRORENE ERBSEN

1 GROSSE BANANE

157

Zenis Schokischock

Birne Helene reloaded und updated. Oder, wie man
aus einem etwas angestaubten Dessert eine hippe
Frühstücksidee zum Dahinschmelzen bastelt.
PS: Manche mögen's auch zum Nachtisch ...

Topping

2 EL getrocknete Cranberrys

½ Birne, klein gewürfelt

2 EL Kakao-Nibs

nach Belieben:

1–2 EL Agavendicksaft

1 Banane

150 ML HASELNUSSMILCH

2 Msp. Zimt

1 EL roher Kakao

40g Haselnüsse

½ reife Williamsbirne

159

Goldener Herbst

So trotzt man Herbststürmen und Schnupfen: Mit diesem superbunten Gemüse-Obst-Mix stärken Sie Ihr Immunsystem. Der Winter kann getrost kommen!

Topping

1 Blutorange

2 EL grob gehackte Mandeln

1 EL grob gehackte Pekannüsse

1 EL grob gehackte Pistazien

100 g

Pastinake

1 MSP. ZIMTPULVER

1 superreife Kaki

SAFT EINER Orange

2 EL Sanddornpüree

3 Topinamburknollen (ca. 120 g)

161

SMOOTHIES
FÜR Kids

Mr. Strawberry

Die herrliche, knallrote, saftige Erdbeere! Super für das Immunsystem, so lecker und so toll kombinierbar. Wie bei diesem Sommer-Smoothie mit Minze. Die Blätter sind nicht nur dekorativ, sondern wirken beruhigend.

optional:
Kakao-Nibs,
auch zur Deko

164

100 ML WASSER

3 g Minzblätter (etwa 12 Blätter)

HALBE BANANE

250 g Erdbeeren

MANGO MANDY

Dieser Drink ist einer freundin namens Mandy gewidmet. Die heißt mit richtigem Namen aber nicht Mandarine. Diese ist in diesem Smoothie. Der hat eine leuchtende farbe und ist sooo süß – ein Traum in Orange.

3 MANDARINEN

100–150 ML WASSER

1 EL GOJI-BEEREN

EINGEWEICHT (ETWA 8 G)

1 Mango

Princess Melonie

Ganz viel Vitamin A,
ein unvergleichlicher
Sommergeschmack und
Dank der Chia-Samen
eine Superfood-Party!
Ein kleines Stück (unge-
spritzte!) Zitronenschale
gibt hier noch eine Extraportion Erfrischung.

3–4 EISWÜRFEL

optional: Minzblätter

1 EL Chia-Samen

Saft einer Zitrone

¼ Wassermelone (etwa 500g)

169

BANANA JOE

Die Brennnessel ist ein wahres Wunderkraut. Sie ist voll mit gesundem Eisen und wächst überall. Wenn man sich mit ihr angefreundet hat, ist es eine Liebe fürs Leben! Um den bitteren Geschmack zu überdecken, mit viel Obst kombinieren.

150 ML WASSER

EINE KIWI

1 APFEL

EINE BANANE

HIMBEERDRACHE

Himbeeren schmecken nicht nur göttlich, sie sind auch noch superschnell selbst gesammelt. Goji-Beeren verhelfen zu noch mehr Farbe und Chia-Samen versprechen: Drachenpower!

OPTIONAL:

1 EL KOKOSBLÜTENZUCKER ODER XYLIT

150 g
Himbeeren

1 EL
Goji-Beeren
eingeweicht

1 EL
Chia-Samen
etwa 15 g

50 g Rote Bete

100 ML WASSER

Pink Milk

Ein ungewöhnlicher Smoothie – sehr lecker, cremig und rosig. Die Rose soll tatsächlich eine alte Heilpflanze sein und anti-entzündlich wirken. Und die Rote Bete? Die ist eine wahre Stimmungsgranate!

1 ROTE BIO-ROSENBLÜTE

KLEINES STÜCK ROTE BETE (etwa 20 g)

1 EL Kokosblütenzucker oder Xylit

250–300 ML MANDEL- ODER HAFERMILCH

2 EL GESCHÄLTE HANFSAMEN

BANANA
COCO

Dieser Strand-Drink erinnert an spannende Abenteuer auf einer Südseeinsel! Leckere Hanfsamen sorgen für eine schöne Cremigkeit und sind auch schick als Deko. Alternativ kann man auch Kokosraspeln probieren.

JOE

1 EL KOKOSFLOCKEN (ETWA 8 G)

1 TL geschälte Hanfsamen (etwa 10g)

eine Banane

200 ml Reis-Kokosmilch

etwa 4-5 Datteln

177

Südseetraum

Mmmhh Mango – in Indien nennt man sie wegen ihrer Süße und der goldgelben Farbe seit uralten Zeiten „Götterfrucht". Eine reife Mango riecht süßlich und gibt auf Druck leicht nach. Kombiniert mit Banane und Limette, schmeckt dieser Smoothie wirklich nach Ferien am Meer!

Tipp: Die Limette kann natürlich auch durch eine Zitrone ersetzt werden.

200 ML WASSER

1 Kinderhandvoll Spinat
(etwa 20 g)

eine Mango (etwa 300 g)

Saft einer Limette

2 EL Kokosflocken

EINE BANANE

179

Johnny Blue

Noch so ein herrlicher Sommer-Smoothie!
Die blauen Beeren und die süße Banane
versorgen den Körper mit jeder Menge
Vitamin C und Kalium. Die lila Farbe
erinnert an warme Sommernächte und
macht Lust auf mehr.

200 ML WASSER

1 Banane

150-200 g Blaubeeren

½ Kinderhandvoll Löwenzahn (25 g)

OPTIONAL: NACHSÜSSEN MIT KOKOSBLÜTENZUCKER

181

DRACHENSAFT

Giersch-Alarm! Schmeckt ein bisschen wie Sellerie und ist reich an Vitaminen. Übrigens – legt man die gequetschten Blätter auf Verbrennungen und Insektenstiche, verhilft das zu schnellerer Linderung.

150 ML WASSER

5-6 Datteln
nach Geschmack

½ KINDER-
HANDVOLL
GIERSCH
(ETWA 25 G)

1 TL LEINSAMEN

1
2
3
4
5
6

2 Bananen

183

FIT KID

Sellerie mit Orange? Noch nie gehört? Das ist der Hammer! Krank wird man damit nie wieder. Wer es noch orangiger möchte, lässt das Wasser weg und nimmt umso mehr Orangensaft. Die Petersilie sorgt für eine Extraportion Eisen.

Tipp:
Mit 1 TL eingeweichter Chia-Samen verleiht dir dieser Smoothie noch mehr Super-Power!

2 Stangen Sellerie

150 ML WASSER

etwas Petersilie

Saft von
2-3 Orangen

1 Apfel

Süßen nach
Geschmack

Tipp:

Mit ½ TL Leinsamen wird der Smoothie noch etwas gehaltvoller.

Chocorangina

Ein besonderer Smoothie für magische Momente, denn die Kombination von Kakao und Orange weckt weihnachtliche Gefühle. Leinsamen sind nicht nur sehr gesund, sondern machen auch satt. Vor dem Mixen jedoch am besten schroten.

1 EL rohes Kakaopulver

1 EL geschälte Hanfsamen (etwa 15 g)

1-2 EL Kokosblütenzucker

oder Xylit ★

200 ML MANDEL - ODER HAFER - MILCH

Saft einer Orange

OPTIONAL:

EIN PAAR KAKAO-NIBS, AUCH ZUR DEKO

REGISTER

IMPRESSUM

Bibliografische Information der Deutschen Bibliothek.

Die Deutsche Bibliothek verzeichnet diese Publikation in der deutschen Nationalbibliografie.
Detaillierte bibliografische Daten sind im Internet über http://www.d-nb.de/ abrufbar.

EIN BUCH DER EDITION MICHAEL FISCHER

1. Auflage 2018

© 2018 Edition Michael Fischer GmbH, Igling

Covergestaltung und Satz: Sarah Wilde
Layout und Illustrationen: Leeloo Molnár und Pia Miller
Produktmanagement: Diana Jedrzejewski
Grundlagenteil: Tanja Dusy und Irina Pawassar
Rezepte: Irina Pawassar (10/11, 12/13, 14/15, 44/45, 46/47, 52/53, 58/59, 62/63, 64/65, 66/67, 68/69, 72/73, 74/75, 80/81, 82/83, 84/85, 86/87, 90/91, 104/105, 106/107, 108/109, 112/113, 134/135, 164/165, 166/167, 168/169, 170/171, 172/173, 174/175, 176/177, 178/179, 180/181, 182/183, 184/185, 186/187); Tanja Dusy (12/13, 18/19, 20/21, 22/23, 24/25, 26/27, 28/29, 30/31, 32/33, 36/37, 38/39, 40/41, 42/43, 48/49, 50/51, 54/55, 60/61, 70/71, 78/79, 88/89, 92/93, 94/95, 96/97, 98/99, 100/101, 110/111, 116/117, 118/119, 120/121, 122/123, 124/125, 126/127, 128/129, 130/131, 132/133, 136/137, 138/139, 140/141, 142/143, 146/147, 148/149, 150/151, 152/153, 154/155, 156/157, 158/159, 160/161); Super Danke: (16/17)
Fotos: Brigitte Sporrer, München (10/11, 12/13, 14/15, 16/17, 44/45, 46/47, 52/53, 58/59, 62/63, 64/65, 66/67, 68/69, 72/73, 74/75, 80/81, 82/83, 84/85, 86/87, 90/91, 104/105, 106/107, 108/109, 112/113, 134/135, 164/165, 166/167, 168/169, 170/171, 172/173, 174/175, 176/177, 178/179, 180/181, 182/183, 184/185, 186/187); Klaus-Maria Einwanger, Rosenheim (12/13, 18/19, 20/21, 22/23, 24/25, 26/27, 28/29, 30/31, 32/33, 36/37, 38/39, 40/41, 42/43, 48/49, 50/51, 54/55, 60/61, 70/71, 78/79, 88/89, 92/93, 94/95, 96/97, 98/99, 100/101, 110/111, 116/117, 118/119, 120/121, 122/123, 124/125, 126/127, 128/129, 130/131, 132/133, 136/137, 138/139, 140/141, 142/143, 146/147, 148/149, 150/151, 152/153, 154/155, 156/157, 158/159, 160/161), Cover: @Pikoso.kz/shutterstock

ISBN 978-3-86355-976-2

Printed in Slovakia

www.emf-verlag.de